AF242326

EXAMEN

D'UNE NOUVELLE

INSCRIPTION PHÉNICIENNE

DÉCOUVERTE RÉCEMMENT DANS LES RUINES DE CARTHAGE

ET

ANALOGUE A CELLE DE MARSEILLE

PAR

M. L'ABBÉ J. J. L. BARGÈS

PROFESSEUR D'HÉBREU A LA SORBONNE

> Οὐδὲν συγκεκαλυμμένον ἐστὶν ὃ οὐκ ἀποκαλυφθή-
> σεται, καὶ κρυπτὸν ὃ οὐ γνωσθήσεται,
> Λουκ. ΙΒʹ, 6.

PARIS

IMPRIMERIE ORIENTALE DE VICTOR GOUPY

RUE GARANCIÈRE, 5.

1868

EXAMEN

D'UNE NOUVELLE

INSCRIPTION PHÉNICIENNE

DE

CARTHAGE

OUVRAGES DU MÊME AUTEUR

SUR LA LANGUE ET LES INSCRIPTIONS PHÉNICIENNES

LETTRE A M. LE BARON SILVESTRE DE SACY sur l'inscription latino-punique de Leptis-Magna. Paris, 1837, in-8.

TEMPLE DE BAAL A MARSEILLE, ou inscription phénicienne découverte dans cette ville en 1845, expliquée et accompagnée d'observations critiques et historiques. Paris, 1847, grand in-8.

MÉMOIRE sur deux inscriptions puniques découvertes dans l'île du Port-Cothon à Carthage. Paris, 1848, in-folio.

MÉMOIRE sur trente-neuf nouvelles inscriptions puniques, etc. Paris, 1852, in-4.

NOUVELLE INTERPRÉTATION de l'inscription phénicienne de Marseille. Paris. 1858, in-4.

NOUVELLE INTERPRÉTATION de l'inscription phénicienne découverte par M. Mariette dans le Serapium de Memphis. Paris, 1856, in-8.

MÉMOIRE sur le sarcophage et l'inscription funéraire d'Eschmounazar, roi de Sidon. Paris, 1856, in-4.

MÉMOIRE sur le papyrus égypto-araméen appartenant au musée égyptien du Louvre, expliqué et analysé pour la première fois. Paris, 1852, in-4.

OBSERVATIONS sur les inscriptions phéniciennes du musée Napoléon III. Paris, 1863.

INSCRIPTION PHÉNICIENNE de Marseille. Nouvelles observations; historique de la découverte et description exacte de la pierre, le tout accompagné d'une planche lithographique. Paris, 1868, in-4.

DÉPOT LÉGAL
Seine
n° 3877
186

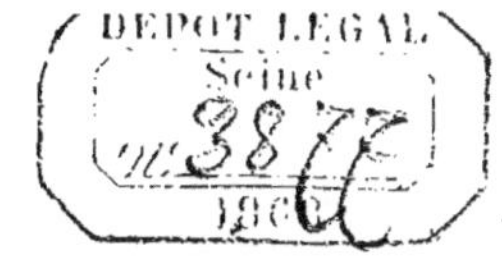

D'UNE NOUVELLE

NSCRIPTION PHÉNICIENNE

DÉCOUVERTE RÉCEMMENT DANS LES RUINES DE CARTHAGE

ET

ANALOGUE A CELLE DE MARSEILLE

PAR

M. L'ABBÉ J. J. L. BARGÈS

PROFESSEUR D'HÉBREU A LA SORBONNE

Οὐδὲν συγκεκαλυμμένον ἐστὶν ὅ οὐκ ἀποκαλυφθή-
σεται, καὶ κρυπτόν ὅ οὐ γνωσθήσεται,
Λουκ. ΙΒʹ, 6.

PARIS

IMPRIMERIE ORIENTALE DE VICTOR GOUPY

RUE GARANCIÈRE, 5.

1868

EXAMEN

L'INSCRIPTION PHÉNICIENNE

ANALOGUE A CELLE DE MARSEILLE

L'inscription que je me propose d'examiner dans ce mémoire, a été trouvée, il y a quelques années, à Carthage, près des ruines d'un temple de Baal, et elle a été publiée par M. Nathan Davis, cet infatigable voyageur, d'abord dans un ouvrage intitulé *Carthage and her remains* (page 278), et, en dernier lieu, dans un grand recueil d'épigraphes puniques qui porte le titre de *Inscriptions in the phœnician character now deposited in the british Museum, discovered on the site of Carthage*, etc., London, 1863.

Par son contenu, comme par la forme de sa rédaction, elle offre la ressemblance la plus frappante avec celle qui fut découverte à Marseille dans le courant de l'année 1845, et qui a fait tant de bruit dans le monde savant. Cette particularité, jointe à l'intérêt qui se rattache à tout ce qui tient à l'histoire et à la littérature si peu connues des Phéniciens, a fait considérer cette nouvelle découverte comme l'une des plus précieuses de notre époque ; aussi les orientalistes les plus

célèbres dans ce genre d'étude, après avoir accueilli cette nouvelle
avec l'espoir de trouver dans le document annoncé quelque lumière
propre à éclaircir certains passages obscurs ou incomplets de l'épigraphe marseillaise, ont-ils soumis le nouveau texte à un examen
approfondi, et se sont-ils empressés de donner le jour au fruit de
leurs observations. Parmi ceux dont les travaux nous sont spéciale-
ment connus, nous citerons M. N. Davis lui-même, M. le docteur
A. C. Judas et M. H. Ewald.

Le premier a fait paraître son travail dans la notice précitée, travail
dont il a ensuite donné le sommaire dans l'interprétation qui accom-
pagne le *fac-simile* de l'épigraphe dans le grand recueil publié par les
ordres de l'administrateur du *british Museum*. Nous devons à M. Judas
une analyse très-détaillée de la nouvelle inscription, avec une critique de la traduction de M. Davis et quelques nouvelles observations sur celle de Marseille; sa brochure, qui se compose d'une
douzaine de pages, est intitulée : *Sur un tarif des taxes pour les
sacrifices en langue punique, trouvé à Carthage, et analogue à celui de
Marseille;* Paris, 1861. L'on y voit un dessin de l'inscription qui repro-
duit fidèlement en petit l'original et la forme de la pierre. Après le
docteur Judas est venu le célèbre orientaliste allemand, M. H. Ewald,
qui a exposé ses vues et son opinion touchant la nouvelle inscription
trouvée à Carthage, dans un long Mémoire qui porte le titre de *Abhand-
lung über die grosse Karthagische und andere neuentdeckte Phönikische
Inschriften;* Göttingen, 1864.

L'inscription paraît avoir été découverte dans les ruines de Carthage
dans les premiers mois de l'année 1860; elle se trouve maintenant à
Londres déposée dans le *british Museum*. Je n'ai pas vu l'original,
mais nous devons nous reposer, touchant l'exactitude de sa reproduc-
tion, sur la diligence de son éditeur et la bonne foi du savant orienta·
liste qui l'a fait graver dans le grand recueil ci-dessus mentionné. La
pierre sur laquelle elle a été gravée se trouve brisée à droite et à
gauche, et les lignes sont incomplètes des deux côtés, sauf la première
qui donne, à droite, le commencement du texte, et la septième, au mi-

lieu de laquelle se termine un paragraphe. Ces lignes, qui sont au
nombre de onze, renferment deux cent douze caractères et environ
soixante-huit mots, dont quelques-uns sont mutilés au commencement
et d'autres, à la fin. Le texte, qui comprend la même matière que celui
de l'inscription de Marseille, est plus court de la moitié, puisque ce
dernier se compose de vingt et une lignes. On y trouve des variantes
de forme, des différences et des interversions dans l'ordre des articles,
et, en général, plus de concision. Elle était encadrée dans une moulure
dont une partie subsiste à la partie supérieure et qui prouve, comme
l'a fort bien fait remarquer M. le docteur Judas, que la première ligne
est le commencement du texte, ce que démontre, d'ailleurs, l'espace net
entre le bord de la pierre à droite et le commencement de cette première ligne.

L'inscription débute par les mots ‏בעת המשאחת אש טנא״‏, qui se
lisent également dans celle de Marseille après les mots ‏בת בעל וכן:‏,
Templum Baal. Et erit.

M. N. Davis a lu et traduit ‏בְּעֵת‏, *in the time of...* (*dans le temps de*).
M. le docteur Judas, qui ne trouve à cette expression aucun sens plau-
sible dans la véritable signification du contexte, voit une faute dans le
tracé de la première lettre du mot, et ne craint pas d'assurer que le
lapicide, en voulant graver l'inscription, a débuté par une balourdise. En conséquence, il substitue *un daleth* au ‏ב‏, et propose
de lire ‏דעת המשאחת‏, ce qu'il traduit par *indication des taxes*.
Mais l'hypothèse sur laquelle repose cette traduction me paraît très-
hasardée et difficile à admettre, car le texte de l'inscription, contenant
un règlement qui se rapportait au culte public et obligeait les prêtres,
a dû être rédigé avec soin par les scribes du gouvernement et sous la
surveillance des suffètes, puis examiné et contrôlé par les prêtres de
Carthage et par toutes les personnes attachées au service du temple de
Baal, et, en supposant que le graveur, en copiant l'original qu'il avait
sous les yeux, ait pu commettre la maladresse en question, on ne con-
cevrait pas que l'on eût laissé ensuite subsister, sur un monument

destiné à être exposé aux yeux du public, une faute aussi grave et que
quelques coups de grattoir auraient pu si facilement faire disparaître.
Une raison qui me paraît aussi péremptoire contre cette supposition,
c'est qu'en admettant même la lecture proposée par M. Judas, il ne
serait pas possible d'obtenir le sens qu'il croit reconnaître au mot. En
effet, דֵּעָה ou דַּעַת, nom verbal de la racine יָדַע (*scivit, novit, cog-
novit*), ne veut pas dire *indication*, mais bien *science, connaissance,
intelligence*, ce qui est fort différent, car *savoir* ce n'est pas *faire
connaître*. Si l'auteur de l'inscription avait voulu exprimer cette dernière idée, il se serait servi probablement du mot הוֹרָעָה ou הוֹדָעָה
ou de tout autre signifiant réellement *indication, notification, tarif*.

M. H. Ewald, qui ne change rien à la lecture du mot, a cependant
trouvé le moyen de lui attribuer le même sens, car il le traduit comme
son devancier, par *indication, désignation* (*bestimmung*) ; seulement,
au lieu de le lire בָּעוּת, selon que nous l'avons établi dans notre dernier
Mémoire sur l'inscription de Marseille, il le prononce בִּעָת. Pour étayer
la signification qu'il attribue à ce mot tout à fait nouveau et inconnu aux
Hébreux et aux Araméens, il est obligé de faire un appel à sa vaste érudi-
tion philologique et d'avoir recours à des analogies peu vraisemblables
et à des rapports qui paraissent forcés. Selon lui, le mot בִּעָת dériverait
de la racine phénicienne בִּיַע, qui exprimerait l'idée d'*accord mutuel*,
de *convention légale*, de *contrat synallagmatique*, idée qui se retrouve
dans l'arabe بَيْع (*contrahere pactum, emere, vendere*), et dans un sens
plus éloigné dans l'éthiopien ᎐ᎃᎃ, d'où l'adjectif ᎐ᎃ (*socius, sodalis,
collega*). Mais si l'on réfléchit que dans notre inscription il s'agit, non
d'un accord ou pacte convenu entre certaines personnes, mais bien d'un
décret, d'un *règlement* arrêté par l'autorité des suffètes et imposé aux
prêtres aussi bien qu'aux particuliers, on sera forcé de confesser que
cette interprétation, outre qu'elle ne rend pas l'idée d'*indication*, de
fixation que M. Ewald propose dès l'abord, n'est nullement en har-
monie avec le but de l'inscription ni avec l'ensemble du texte.

Le dernier mot de cette première ligne n'est pas tout à fait complet :

l'*aleph* qui le termine, quoique très-reconnaissable, a perdu l'une de ses cornes, ainsi que le linéament qui le traverse dans sa partie supérieure, obliquement de droite à gauche. C'est fautivement que M. Judas, dans sa transcription hébraïque, a substitué un *vav* à l'*aleph*. La signification du verbe phénicien מנא n'est plus aujourd'hui douteuse ; tous les orientalistes admettent qu'il doit être pris dans le sens de *poser*, *imposer*, *décréter*, comme je l'ai dit plus haut. J'ignore pour quelle raison M. Judas, après avoir reconnu (page 6) qu'il fallait lire ici מנאו et non טבעו, comme il l'avait proposé dans sa *Nouvelle analyse de l'inscription de Marseille*, traduit néanmoins ce mot comme s'il était réellement écrit טבעו ; car voici comment il rend cette première ligne (page 7) : « *Indication des taxes qu'ont scellée les suffètes et le collége des prêtres.* » Je ne vois pas, non plus, l'analogie qu'il prétend établir entre l'arabe طان et le phénicien מנא, celui-ci signifiant radicalement *poser*, comme je viens de le dire, et l'autre, qui est un verbe dénominatif et dérive du substantif طين, *boue, argile*, voulant dire *boucher avec de la boue, pétrir la boue, cacheter avec de la terre sigillée.*

Je vais maintenant passer à l'examen de ce qui forme proprement le fond et, pour ainsi dire, le tissu de la nouvelle inscription. Mes savants devanciers se sont livrés, à ce sujet, à de profondes recherches ; ils ont analysé, commenté le texte avec la plus grande et la plus louable diligence ; ils l'ont mis en parallèle avec celui de l'inscription de Marseille, et ils ont cru pouvoir se servir de cette comparaison, soit pour confirmer, soit pour éclaircir ou corriger leurs premières idées, leur première interprétation. Sous ce rapport, il me reste donc très-peu à faire, ou plutôt tout a été fait. Seulement, oserais-je le dire, un point a été laissé intact, point délicat et difficile s'il en fut jamais, je veux dire celui de l'authenticité. Quelle audace ! va-t-on s'écrier ; quelle témérité ! Quoi ! vous élevez des doutes sur l'origine d'une épigraphe, dont la découverte a fait tant de bruit dans le monde savant, qui a été transportée comme en triomphe des rivages de l'antique Carthage, où elle a été trouvée, sur les bords de l'heureuse Tamise pour figurer ensuite parmi les monuments les plus rares et les plus

précieux du Musée britannique et devenir l'objet des études et des travaux des illustrations scientifiques de l'Europe !!! C'est téméraire,
peut-être, mais cette pensée n'est pas suffisante pour me faire reculer,
car la vérité avant tout, et j'ai même la conviction qu'un jour l'on me
saura gré de mon courage ou de ma hardiesse, lorsque le flambeau de
la critique aura chassé entièrement l'obscurité qui règne sur cette
question, ou que, du moins, un examen plus attentif aura contribué à
inspirer des doutes sérieux et raisonnés sur l'existence d'un fait re-
gardé jusque-là comme incontestable et historique.

Mes soupçons sont fondés sur plusieurs motifs ou plutôt sur plusieurs circonstances et plusieurs faits que chacun, d'ailleurs, pourra
vérifier sur le *fac-simile* publié par M. Davis et dans les reproductions
qne d'autres savants ont données de l'inscription. Mes observations por-
teront successivement : 1° sur l'état de la pierre en question et sur l'aspect
que présente ce fragment; 2° sur la forme des caractères de l'inscription, et 3° sur la présence de certains mots, leur disposition et le sens
qui en résulte. Cet examen jettera, je l'espère, quelque jour sur la véritable origine de la nouvelle inscription de Carthage.

1° L'état et la physionomie de la nouvelle inscription.

« Ce fragment, dit M. Davis, est parfaitement conservé et il surpasse
tous les monuments puniques de la collection anglaise par la proportion et la beauté des caractères : les mots y sont séparés par un intervalle sensible. C'est, ajoute-t-il, la perle de l'épigraphie punique dans
l'état actuel des découvertes. » Cette beauté et cet état de parfaite con-
servation, qui excitent l'admiration du savant anglais, m'inspirent, au
contraire, le doute et la défiance : il me semble que si le fragment en
question était véritablement antique, les caractères n'auraient pas cette
régularité du trait et cette beauté de forme que l'on y remarque et qui
semblent trahir une certaine préoccupation de l'artiste; surtout les mots
n'y seraient pas séparés; car cette particularité ne se rencontre que fort
rarement dans les épigraphes phéniciennes, et, dans le cas présent,
elle suppose dans l'auteur qui a tracé l'inscription une certaine habi-

leté dans l'art d'imiter les écritures anciennes, une connaissance assez étendue de la langue dans laquelle le texte a été rédigé. Sous ces deux rapports, deux monuments ont pu lui servir de modèle et de sujet d'étude, je veux dire l'inscription de Marseille et celle qui décore le sarcophage d'Eschmounazar, roi de Sidon. On sait que la première fut découverte à Marseille en 1845, et que le monument sur lequel l'autre a été gravée a été apporté des côtes de la Syrie en 1855; toutes les deux ont été publiées, traduites et commentées plusieurs fois et par divers orientalistes, et celle de Marseille, en particulier, a été l'objet de deux mémoires que j'ai fait paraître, l'un en 1847 et l'autre en 1858.

Dans le long intervalle qui s'est écoulé entre la découverte de ces deux inscriptions et celle du fragment que l'on vient de trouver dans les ruines de Carthage, c'est-à-dire dans l'espace de vingt-cinq ans, le bruit qui s'est fait autour de ces découvertes, l'intérêt qu'y ont attaché les gouvernements et les sociétés scientifiques, la curiosité qu'elles ont excitée chez les antiquaires et les archéologues, enfin le prix auquel on a évalué ces monuments comme objets antiques et curieux, tous ces motifs, dis-je, ont pu suggérer à quelque individu, Tunisien ou Européen, versé quelque peu dans l'histoire des découvertes scientifiques et dans les langues orientales, l'idée de fabriquer ou de faire fabriquer une inscription punique selon le goût des amateurs et dans le but soit de mystifier les antiquaires, soit d'exploiter leur curiosité. Et, de fait, ce ne serait pas la première fois qu'une pareille fraude aurait été commise à Tunis. Tous ceux qui s'occupent d'archéologie orientale, n'ont pas oublié que résidait dans cette ville, il y a une vingtaine d'années, un habile faussaire dont il est superflu de décliner le nom, puisqu'il est connu de tout le monde. Il expédiait en France, en Allemagne, en Angleterre et dans d'autres pays des médailles, des camées, des pierres gravées et des épigraphes; dans le nombre de ces objets, il y en avait qui portaient le cachet de l'antiquité, mais la plupart étaient de son invention; son industrie a prospéré longtemps, grâce au mystère dont sa vie était entourée, et à la prudence avec laquelle il exerçait son lucratif commerce; il était, d'ail-

leurs, persuadé qu'il rendait le plus grand service à la science, en entre-
tenant chez les curieux l'amour des choses antiques. Comme tous ses
pareils, il comptait surtout sur le zèle et la bonne foi des riches amateurs, tels que cet académicien de scientifique mémoire, qui, pour faire
l'acquisition de la fameuse inscription de Malte, où il était question de
l'*Atlantide*, aliéna une de ses plus belles terres. Dans ces derniers temps,
une mystification du même genre, mais heureusement inoffensive, a été
tentée par un autre industriel anglais, qui a imaginé de se moquer des
orientalistes du continent, en leur expédiant une copie d'une prétendue
inscription phénicienne, qui se trouvait, selon lui, dans une des villes
de l'Écosse. Du reste, cette façon de se jouer de la crédulité des antiquaires n'est pas chose nouvelle dans le monde; du temps
d'Auguste, il y avait à Rome, comme il y en a encore de nos jours,
des gens habiles, probablement des Juifs, qui enterraient des lampes
ou d'autres ustensiles en cuivre, et qui, quelques années après, lorsque
ces objets, devenus rouillés, semblaient porter sur eux la trace de
longs siècles, avaient soin d'aller les découvrir pour les vendre ensuite
à beaux deniers comptants, aux collectionneurs et amateurs d'antiques. Ces exemples me servent de leçon et font que je me tiens
sur mes gardes quand il s'agit d'une nouvelle inscription phénicienne,
surtout d'une découverte faite à Malte ou à Tunis, pays renommé pour
l'habileté des faussaires et la fabrication des antiquités.

2° Ce qui ne contribue pas peu à augmenter mes doutes et mes
soupçons, c'est l'incertitude qui règne sur les circonstances de la découverte elle-même. Ces circonstances ne me paraissent pas, en effet,
suffisamment décrites ni détaillées dans l'ouvrage du savant Anglais.
M. N. Davis assure que le monument a été découvert par lui près des
ruines d'un temple de Baal. Je crois que, sans faire injure à sa fran-
chise, on pourrait lui demander si c'est bien lui en personne qui a eu la
gloire de faire cette précieuse découverte, si l'existence du monument ne
lui aurait pas été signalée par quelque amateur, s'il ne l'aurait pas trouvée
dans la boutique de quelque marchand de bric-à-bric. Sur ce point il

est bien permis de concevoir et de proposer des doutes, car rien de plus commun au monde que de voir des voyageurs et des savants titrés se procurer à prix d'argent ou autrement des objets quelquefois rares et vraiment antiques, quelquefois aussi fabriqués par des spéculateurs, dont ils font ensuite grand bruit, comme les ayant découverts eux-mêmes et arrachés heureusement à l'oubli et aux outrages du temps. A cela j'ajouterai qu'il est fort regrettable que l'on ne nous ait pas fait connaître les noms des personnes qui ont pu aider M. Davis dans ses fouilles, l'aider dans ses recherches, lui désigner peut-être l'endroit où le fragment d'inscription se trouvait caché, et qui, par conséquent, ont acquis quelque droit à la reconnaissance des antiquaires, et mérité de partager avec lui la gloire qui est attachée aux découvertes de cette nature. Cette indication servirait, en outre, de garantie à la bonne foi de l'acquéreur, et tout en honorant sa loyauté, elle fournirait le moyen de découvrir la supercherie si, par hasard, elle avait trouvé des dupes et fait des victimes.

3° L'on pourrait aussi adresser à l'auteur de *Carthage and her remains* une autre question. Il est certain qu'il y avait à Carthage un temple consacré à Baal ou dieu *Moloch*, car il est souvent fait mention de ce monument dans les auteurs anciens, soit grecs, soit latins. Mais ce monument qui fut détruit une première fois par les légions de Scipion, lorsque celui-ci s'empara de la rivale de Rome, et puis rebâti par les nouveaux habitants sous la domination romaine, a-t-il laissé des traces bien reconnaissables au milieu des ruines de cette ville? Ne fut-il pas entièrement démoli par les Chrétiens sous le règne de Constantin ou sous celui de ses successeurs? Et si tant est qu'il ait été conservé pour être approprié au nouveau culte, n'a-t-il pas subi dans ses dispositions et sa structure des modifications considérables, et puis, avec le temps, des réparations et des restaurations telles, qu'elles ont dû changer sa première forme et la faire disparaître entièrement? Enfin, comment distinguer aujourd'hui, au milieu des ruines que les siècles ont accumulées, les vestiges d'un édifice dont on ignore l'emplacement précis, les dimensions et la forme primitive? En plaçant la prétendue

découverte du fragment en question près des ruines d'un temple de
Baal, n'aurait-on pas voulu mettre la supercherie sous le couvert d'un
nom aussi célèbre que celui de cette divinité et dépister ainsi les recherches de la critique? Ou bien n'aurait-on pas invoqué ce nom qui se
lit déjà au commencement de la fameuse inscription de Marseille,
dans le but d'attirer sur la nouvelle l'attention des savants qui se sont
déjà occupés de la première et de la faire accueillir avec le même
intérêt, avec la même faveur? Ce sont là autant de questions que je
soumets à l'appréciation des connaisseurs et au jugement des hommes
éclairés qui cherchent sincèrement la vérité et ne se laissent pas pré-
venir par le prestige de la nouveauté ni par le bruit d'une découverte
réputée importante.

4° Une autre particularité qui me rend très-suspecte la nouvelle
inscription, c'est la conformation qu'elle présente dans son état frag-
mentaire. En effet, elle est mutilée comme celle de Marseille, et les
lignes y sont incomplètes, presque partout, aux mêmes endroits;
ainsi la première s'arrête au mot מנא comme sur la stèle de Marseille aux deux lettres מן; la seconde se termine par לבעל הזב ״, de
même que la quatrième de celle de Marseille par לבעל הזבח; la
troisième finit par les mots א לבעל הזבח, comme la huitième de
l'inscription de Marseille par לבעל הזבח; la onzième, qui est la dernière du fragment punique, n'est que la répétition de la fin de la
vingtième de notre épigraphe; seulement, le dernier mot est écrit
ונת ״״״, au lieu que l'inscription marseillaise porte ונענש, ce qui prou-
verait, selon moi, que le sens de ce passage n'a pas été saisi par le
faussaire, puisque la phrase qui signifie: *Et il sera puni*, dans l'inscription de Marseille, doit se lire ici ונתן, et se traduire par:
Et il donnera, sens tout à fait contraire à l'ensemble du contexte. À
la septième ligne qui correspond à la douzième de celle de Marseille,
l'alinéa se termine par le mot אחד dans les deux épigraphes. Cette
coïncidence sur tant de points différents, si elle n'est pas l'effet d'un
dessein prémédité, me paraît difficile à expliquer; admettre que la
pierre se soit brisée en ces divers endroits par un effet purement for-

tuit, ce serait, à mon avis, faire beaucoup trop d'honneur à l'intelligence du hasard; quant à moi, je suis fort porté à voir ici un calcul,
une intention, à reconnaître dans ce fait la main d'un habile faussaire
qui aura voulu donner à son travail une plus grande apparence de simi-
litude avec l'inscription si célèbre de Marseille et augmenter d'autant
l'intérêt qui, dans son espoir, devait s'attacher au monument de son
invention une fois connu et signalé.

II. Dans la description que M. N. Davis nous donne du fragment
punique, ce savant parle avec admiration de la proportion et de la
beauté des caractères de l'épigraphe : c'est, en effet, le sentiment que
l'on éprouve lorsque l'on jette pour la première fois les yeux sur
l'inscription. Les caractères sont, en effet, d'une grandeur plus que
ordinaire, bien assis, tracés d'une main sûre, alignés d'une manière à
peu près irréprochable, et gravés avec un burin dont la pointe a parfaitement bien rendu les *pleins* et les *déliés* propres à chacun des caractères phéniciens. Cependant, lorsque, le premier coup d'œil satisfait,
on examine l'épigraphe avec plus d'attention et que l'on vient à la rapprocher de celle de Marseille, qui doit nous servir ici de point de comparaison, puisqu'elle est d'une incontestable authenticité, l'on ne tarde
pas à revenir de ses premières impressions, à concevoir des doutes
sérieux sur celle de notre nouvelle épigraphe. L'œil exercé y découvre
bientôt, dans la forme et le tracé des caractères, des différences et des
anomalies qui l'étonnent et le jettent dans la plus grande perplexité. A
l'appui de mon assertion, je signalerai les particularités suivantes aux
connaisseurs et à tous ceux qui s'occupent d'épigraphie orientale et
phénicienne :

1° Les cornes des *aleph* de notre fragment se terminent en pointe et
par un trait fort court, à gauche de la tige médiale, qu'elles traversnet
obliquement dans sa partie supérieure, tandis que, dans l'inscription
de Marseille, elles forment une boucle presque ovale et assez allongée.

2° Le corps du *daleth* présente ici une forme ovale et arrondie; dans
l'inscription de Marseille, il est triangulaire.

3° La tige du *hé* s'incline dans sa partie supérieure vers la gauche, en formant une courbe, tandis que, sur la stèle de Marseille, cette tige se replie sur elle-même avant de descendre, en sorte qu'elle forme un petit nœud ou *apex* au-dessus de la lettre, et une ouverture angulaire, à la gauche. De plus, il y a cette différence entre les deux figures, que, dans notre fragment, les deux traits isolés qui accompagnent la lettre et sont placés obliquement à la gauche de sa tige, se trouvent beaucoup plus rapprochés l'un de l'autre que dans l'inscription de Marseille.

4° Dans notre fragment, le crochet du *vav* est très-court et s'élève à peine au-dessus de la ligne supérieure; dans l'inscription de Marseille, ce crochet se trouve, au contraire, très-développé. En second lieu, le jambage qui compose la partie inférieure de la lettre est attaché à la pointe droite du crochet, avec laquelle il semble se confondre, tandis que, dans l'inscription de Marseille, ce jambage, suspendu au-dessous du crochet, en laisse les deux pointes libres. En outre, les défauts que nous signalons dans la forme du *vav*, tel qu'il se présente dans notre fragment, présentent cet inconvénient, que la lettre ainsi tracée ne diffère presque en rien du *caph*, et que l'une peut être très-facilement confondue avec l'autre : l'auteur de l'épigraphe aurait-il ignoré la différence caractéristique de ces deux lettres? ou bien, le graveur qu'il a pris à son service aurait-il copié négligemment l'original? C'est ce que je laisse à deviner au lecteur intelligent.

5° L'*iodh* présente également une différence de forme qu'il ne sera pas superflu de faire remarquer. Le jambage de cette lettre, qui, s'appuyant sur le trait perpendiculaire de droite, s'étend ensuite vers la gauche et descend jusqu'au niveau de la ligne inférieure, s'arrondit en une ligne courbe, tandis que, dans l'inscription de Marseille, ce jambage forme, dans son inflexion, un angle presque aigu.

6° Dans l'inscription de Marseille, la partie supérieure du *caph*, qui est en forme de creux, se compose de lignes droites et donnant une figure carrée; les *caph* de notre fragment sont arrondis, courts dans cette partie et légèrement échancrés. Dans l'inscription de Marseille, le jambage de la lettre est légèrement incliné à gauche, fin, délié, droit; dans notre fragment, il est relativement épais, et il a la queue trop sensiblement courbée vers la gauche.

7° Le *mem* de notre fragment diffère de celui de l'inscription marseillaise en ce que le trait qui termine la lettre, à gauche, et au niveau de la ligne supérieure, forme une courbe allant de gauche à droite, tandis que, dans l'inscription de Marseille, ce même trait fait un angle droit avec celui qui va rejoindre le jambage principal de la lettre.

8° Une observation analogue s'applique au *noun*, qui est légèrement arrondi dans sa partie supérieure, au lieu que, sur la stèle de Marseille, les traits de cette lettre forment presque toujours des angles droits.

9° Le *samech* présente des variétés de forme qui trahissent une main peu sûre dans l'exécution : l'on dirait que le lapicide, en gravant cette inscription, avait sous les yeux un de ces tableaux qui donnent toutes les formes sous lesquelles se présente chaque lettre de l'alphabet dans les inscriptions phéniciennes, et qu'il a copié au hasard tantôt l'une, tantôt l'autre de ces formes. Du reste, la figure de ce caractère s'éloigne de celle qu'il affecte dans l'inscription de Marseille, car, dans celle-ci, le trait médial auquel est suspendu le jambage inférieur de la lettre, forme une ligne droite, au lieu que, dans notre fragment, elle monte en se recourbant et dépasse démesurément le niveau de la ligne supérieure. Autre différence : dans l'une, je veux dire la nouvelle inscription, le jambage inférieur du *samech* semble ne faire qu'un avec le trait médial qui s'étend à droite en s'arrondissant, tandis que dans l'autre, celle de Marseille, ce même jambage part du milieu de ce même trait, d'où il descend obliquement vers la droite, et où il semble en quelque sorte suspendu et attaché.

10° Le crochet du *pé* paraît trop large et trop développé, si l'on compare la forme de cette lettre avec celle qu'elle présente dans l'inscription de Marseille et même dans toutes les épigraphes phéniciennes connues.

11° Des trois *koph* que contient notre fragment, un seul est identique, quant à la forme, avec ceux qui se rencontrent dans l'inscription de Marseille; c'est celui qui se voit à la huitième ligne dans le mot קצרת; les deux autres ont leur jambage inférieur ou trop long ou trop court.

12° La forme du *resch* de notre fragment, comparée avec celle que cette même lettre affecte dans l'inscription de Marseille, présente les différences suivantes : 1° la tête est ovale au lieu d'être triangulaire; 2° la queue est trop longue; 3° cette même queue est trop épaisse et démesurément renforcée.

13° La forme du *schin* varie dans notre fragment : le graveur paraît avoir eu sous les yeux plusieurs modèles, entre lesquels il n'a pas su arrêter son choix. Cette forme rappelle tantôt les *schin* de l'inscription de Marseille, dont les traits forment des angles droits, tantôt ceux de l'épitaphe du roi Eschmounazar qui sont arrondis. Il est vrai qu'ils ne sont pas arrondis des deux côtés comme dans cette dernière inscription, mais du côté gauche seulement; ils n'en diffèrent pas moins de ceux de l'inscription de Marseille, qui ont une forme angulaire, comme nous venons de le constater.

14° Le *thav* se termine simplement en pointe dans la partie qui s'élève au-dessus de la ligne supérieure, tandis que, dans l'inscription de Marseille, cette pointe est ornée d'une sorte d'*apex* ou de petit crochet incliné à droite, qui donne à la lettre une tournure fort élégante, je dirai même coquette.

Telles sont les principales différences que j'ai remarquées dans la forme des caractères des deux inscriptions; je dis *principales* parce qu'il en est d'autres moins importantes qu'il serait trop long de décrire ici, et que je laisse à découvrir à ceux qui voudront se livrer à un examen plus minutieux. Celles qui viennent d'être signalées suffiront, je l'espère, pour justifier mes doutes touchant l'authenticité du nouveau fragment et me permettre de les soumettre à l'appréciation des philologues et des connaisseurs. La conclusion que l'on doit tirer de cette comparaison et de ces rapprochements, c'est que, si l'épigraphe que nous examinons avait été composée, comme on le prétend, à Carthage et à l'époque qu'on veut lui assigner, son alphabet aurait plus d'analogie avec celui de l'inscription de Marseille, dont l'origine n'est pas douteuse, et que la forme de ses caractères se rapprocherait davantage de celle qui appartient à l'écriture punique et qui nous est connue par les monuments proprement carthaginois.

Pour achever la démonstration que j'ai entreprise, il ne me reste plus qu'à examiner si les mots du contexte, et le sens qu en résulte, ne viendraient pas confirmer, à leur tour, mes soupçons et donner raison à mes doutes : c'est ce que nous allons voir.

III. Si, comme on le prétend, la nouvelle inscription est un abrégé de celle de Marseille, ou plutôt, ce qui est plus vraisemblable, si les deux inscriptions contiennent un extrait du rituel propre au culte du dieu Baal, comme semblent l'indiquer les lignes 17e et 18e de la stèle de Marseille et la 11e de notre fragment, il est évident qu'elles doivent renfermer les mêmes prescriptions, les mêmes formules, et, par conséquent, les mêmes expressions, à peu de chose près, et le même sens. C'est, en effet, ce que nous voyons dans les deux textes, car ils comprennent absolument la même matière; seulement, le nouveau fragment offre plus de concision, quelques différences dans l'ordre des articles et des interversions, comparativement à celui que présente l'inscription de Marseille, plus deux mots qui ne se rencontrent point dans celle-ci. Ces deux mots sont תברה, qui se lit à la deuxième et à la troisième ligne, et האש ou האשה, qui se voit à la quatrième. Examinons d'abord le premier et voyons dans quelle acception il doit se prendre.

M. le docteur Judas le fait dériver du verbe ברא ou ברה, dans l'un des sens *couper* ou *manger*, et propose de le traduire par *les parties coupées*, en latin *prosecta*, ou bien par *la partie destinée à être mangée*.

Selon M. Ewald, qui considère ce mot comme très-obscur, il serait contracté de תאברת (R. אבר) et signifierait *carcasse, squelette* (das gerippe), c'est-à-dire ce qui reste d'une victime après la séparation des parties destinées au sacrifice. A l'appui de cette interprétation, il cite le talmudique אָבָר et son correspondant éthiopien እበረ, qui, selon lui, veulent dire *corps, membre;* mais la première de ces significations n'est pas exacte, et la seconde ne saurait convenir au contexte, car autrement il faudrait dire que dans les sacrifices dont il s'agit dans l'inscription, les prêtres n'auraient eu aucune part de la chair de la victime, ce qui serait contraire à la teneur du règlement consigné dans l'inscription de Marseille, règlement d'après lequel dans tout sacrifice sanglant, soit holocauste, soit pacifique ou partiel, une portion de chair sacrée devait être livrée aux prêtres de Baal. Au surplus, la forme contractée תברת, au lieu de תאברת, me paraît une hypothèse imaginée par le besoin de trouver un sens quelconque au mot que nous examinons, plutôt qu'une conjecture fondée sur l'usage et l'analogie de la langue hébraïque. Si ce mot n'est pas de fabrique moderne, comme je suis fort tenté de l'admettre, s'il faut lui attribuer un sens, j'aimerais mieux, pour ma part, lui assigner pour racine le chaldaïque תְּבַר (en hébreu שָׁבַר, et en arabe ثَبَر), *fregit, dilaceravit,* et lire תַּבְרָת ou תְּבִירת, *fractiones, rupturæ, dilacerationes* (en chald. תְּבִיר, תְּבַר, תְּבִירָא, תְּבָרָא), mot qui désignerait, non les parties coupées, comme l'explique M. le docteur Judas, ni *la partie destinée à être mangée,* puisqu'il n'est pas précédé de l'article ה, mais seulement quelques *fragments* de la victime ou une certaine quantité de chair donnée par les prêtres au maître du sacrifice. Toutefois, après avoir comparé le sens qui résulterait de cette interprétation avec celui qui est fourni par le texte de l'inscription de Marseille, je me sens tout porté à croire que nous avons ici affaire à une invention de faussaire. En effet, que trouvons-nous dans la partie correspondante de l'épigraphe en question? Elle porte que, dans le sacrifice holocauste, les prêtres recevront, outre une somme d'argent qui varie selon la qualité de l'animal immolé, une certaine quantité déterminée de chair, et que, dans le sacrifice pacifique ou volontaire, outre cette redevance, il sera donné aux prêtres une certaine quantité de grain et de fleur de farine (קצרת ויצלה), tandis que la peau de la victime, les viscères, les pieds et le restant de la chair devront être laissés au maître du sacrifice, car c'est ainsi que l'on doit traduire la formule si souvent répétée :

וכי הערת והשלבים והפעמים ואחרי השאר לבעל הזבח :

Or, ce sens diffère tout à fait de celui qui est exprimé dans notre fragment, où il est dit que, pour le dernier sacrifice, les prêtres auront droit seulement à la peau de la victime, tandis que le maître du sacrifice devra recevoir *quelques parties*, *des membres* de l'animal offert, sans indiquer quels seront ces membres de la victime, ni quelles seront ces parties qui reviennent au maître du sacrifice. Cette différence dans le sens des deux inscriptions, ce vague qui règne dans celle qui nous occupe, s'explique à merveille, si l'on admet avec moi, que l'auteur de notre fragment, n'ayant pas saisi le sens véritable du mot קצרת (1), il a suivi l'opinion de quelques interprètes qui l'ont rendu par *Prosecta* ou *Prosiciæ* (parties découpées, de קצר, *abscidit*), sans faire attention que l'absence de l'article devant ce mot exclue le sens qu'ils lui attribuent. Il est bon aussi de faire remarquer qu'en voulant abréger le texte original, l'auteur de notre fragment n'a fait que le défigurer, car, tandis que dans l'inscription de Marseille le mot קצרת appartient à la phrase dans laquelle apparaît le mot לכהנים, selon la leçon de notre fragment, ce même mot se rapporte aux deux groupes לבעל הזבח, qui appartiennent à la phrase suivante, en sorte que ce qui, dans l'une, est attribué au maître du sacrifice, se trouve, dans l'autre, assigné aux prêtres, différence que je ne puis m'expliquer qu'en disant que l'auteur de notre fragment s'est laissé égarer par les fausses interprétations données à ce passage par les savants qui ont voulu expliquer l'original.

2° Je passe à l'examen du mot האשה, qui se lit, à la fin de la 4e ligne, dans la phrase mutilée : וכן האשל. M. le docteur Judas le traduit par *oblation*. Il s'agit dans ce passage des sacrifices pacifiques (צויעה), ou la chèvre figurait comme victime. Après avoir dit que dans ces sacri-

(1) Nous croyons avoir établi la véritable signification de ce mot dans notre second mémoire, pag. 10 et 11.

3

fices la peau de l'animal revenait aux prêtres : וכן ערת העזים לכהנים,
le texte ajoute : ••• וכן האשל. M. Judas, suppléant après le *lamedh* le mot
הכהנים, lit et traduit : Et *sera l'oblation aux prêtres*. Mais deux raisons
s'opposent à cette interprétation, la première c'est que le mot אש ne
veut pas dire *oblation*, mais *hostie consommée* et *brûlée* sur un autel;
l'autre, c'est qu'il résulterait de ce sens une disposition contraire au
règlement consigné dans l'inscription de Marseille et d'après lequel,
dans cette sorte de sacrifices, les prêtres avaient non-seulement droit
à la peau de la victime, mais aussi, outre une somme d'argent déterminée, à une certaine quantité de chair, ainsi qu'à des céréales et à de
la fleur de farine, ce qui avait également lieu chez les Hébreux, comme
on le voit par le Lévitique (chap. VII, 30 et suiv.).

M. H. Ewald, qui considère les trois dernières lettres de cette ligne
comme formant un seul groupe, a lu ראשל, et en y ajoutant la termi-
naison בם, en compose le mot האשלבם qui, selon lui, est identique au
השלבם de l'inscription de Marseille, sans tenir compte de la présence
de l'*aleph* qu'il regarde comme fautif et superflu. En conséquence, il
le traduit par *pedes anteriores* (die vorderfüsse), interprétation invraisemblable, et qui s'éloigne du sens généralement attribué à cette
expression, celui de *boyaux* ou d'*intestins*. Quant à moi, la difficulté de
trouver un sens raisonnable à ce passage, me paraît un motif suffisant
pour suspecter l'origine ou la provenance du mot que nous examinons,
et j'incline à le croire apocryphe, l'attribuant soit à l'ignorance, soit
à la méprise d'un faussaire, qui n'en aura pas compris la valeur, ou
bien qui, en voulant abréger l'épigraphe de Marseille, n'aura pas copié
exactement son modèle. Cette dernière hypothèse me semble d'autant
plus probable, que la 11ᵉ ligne de l'épigraphe marseillaise, qui correspond à la 4ᵉ de notre fragment, se termine par les mêmes lettres, à
l'exception d'une seule, je veux dire •• ••השל, lesquelles complétées
par un *mem*, donnent le mot השלם, *oblation;* on conçoit, en effet, qu'un
copiste maladroit ou ignorant n'ait pas eu conscience de la pertur-
bation qu'apportait au sens du mot l'intercalation d'une lettre, ou que,

s'il s'est aperçu de la faute après l'avoir commise, il ait ensuite négligé de la faire disparaître.

Une autre irrégularité qui ne manquera pas de frapper aussi, du moins je l'espère, ceux qui ont l'habitude et la pratique des langues sémitiques, c'est la présence du verbe כן, *être*, au commencement des deux phrases par lesquelles se termine cette ligne : וכן ערת העזים לכהנ׳ם, *Et erit pellis caprarum sacerdotibus*, וכן האשל׳ ‥ ‥, *Et erit oblatio*…. Que signifie, en effet, cette répétition dans une épigraphe qui devait naturellement être très-concise, puisqu'elle n'est qu'un extrait et un abrégé, surtout au commencement de la seconde proposition, où l'idée exprimée par le verbe *être*, pouvait être suffisamment représentée par la conjonction ו ? Je m'étonne qu'une tournure aussi lourde et aussi peu conforme au génie des langues sémitiques ait pu trouver grâce aux yeux des hébraïsants qui m'ont précédé dans l'examen de l'inscription.

On lit à la 5ᵉ ligne de notre fragment : צרב איל כללם אם צועת וכן הערת לכה׳׳ ‥

M. le docteur Judas, suppléant au commencement de cette phrase qui est tronquée des deux côtés, les mots באמר אם בנדא אם ב׳׳‥‥ que l'on voit dans la partie correspondante de l'inscription de Marseille, je veux dire la 9ᵉ ligne, traduit le tout de cette manière : « *Au sujet de l'agneau, ou du chevreau, ou du jeune de….. parfaits, si c'est une invitation, sera la peau pour les prêtres, etc.* »

Au lieu de כללם, l'inscription de Marseille porte simplement כלל au singulier. Or, dans ce passage, comme dans toutes les parties du texte, ce mot, toujours au singulier, ne peut se prendre autrement que dans le sens de l'hébreu כליל, *holocauste* (עולה), comme dans le Deutéronome (XXXIII, 10) et le Livre des Psaumes (LI, 21). Dans tout le corps de l'inscription, il est employé comme l'opposé de צועת, qui désigne un sacrifice ordinaire ou pacifique, sacrifice où une partie seulement de la victime était consumée par le feu, le reste étant destiné à être partagé entre les prêtres et ceux qui avaient présenté la victime pour être mangé dans le festin sacré qui accompagnait cette sorte de sacrifice. Le sens du mot ainsi établi, l'on se demande pourquoi il se trouve ici mis au pluriel, attendu qu'il n'y avait pas plusieurs sortes d'holocaustes, et que chacun des animaux mentionnés ne pouvait être la matière que d'un seul holocauste. Si le mot כללם exprimait le sens de *parfaits* et devait s'appliquer aux animaux en question, il serait permis d'en conclure qu'il y avait des cas, où ces animaux ou ces victimes pouvaient n'être pas parfaits, auxquels cas leur peau n'aurait pas appartenu aux prêtres, supposition tout à fait invraisemblable, puisque nous savons que, d'un côté, chez les Hébreux aussi bien que chez les autres peuples de l'antiquité qui admettaient dans leur culte religieux les sacrifices sanglants, les animaux que l'on présentait aux prêtres pour être immolés en l'honneur de quelque divinité, devaient toujours être sans tache et exempts de tout défaut, et que, de l'autre, il n'y avait pas de sacrifice, sans qu'une part plus ou moins grande de la victime ne revînt de droit aux prêtres qui l'immolaient. Il est donc plus que probable que notre abréviateur, trompé par quelques interprètes qui ont, en effet, traduit כליל par *entier*, *parfait*, aura pris ce mot pour un qualificatif, et qu'ainsi il aura cru pouvoir l'employer au pluriel, quoiqu'il ne se présente nulle part sous cette forme dans l'inscription de Marseille.

La 6e ligne, qui est incomplète au commencement, porte :

‥ ‥ ח דל מקנא בל יכן לכהן מנם :

Elle correspond à la 15e de l'inscription de Marseille, qui, par contraire, est complète au commencement et tronquée à la fin. Cette ligne doit se traduire, ainsi que je l'ai proposé dans mon second Mémoire (page 26) : « *Dans tout sacrifice où il sera offert seulement un morceau de chair de bétail, ou un morceau de chair de volatile, il n'y aura rien pour les prêtres.* » En suppléant dans notre fragment les premiers mots qui manquent au commencement de la ligne, l'on obtient le sens que voici : « *Dans tout sacrifice où il sera offert seulement un morceau de chair de bétail, il n'y aura point pour le prêtre de portions.*

Tel est le sens qui a été adopté pour ce dernier mot מנם par M. le docteur Judas et par M. H. Ewald; mais je doute que ce soit le véritable, ou du moins celui que l'auteur de l'épigraphe a pu avoir en vue. Car il me semble que si l'on avait voulu rendre cette idée, l'on aurait employé de préférence le mot מנות, forme régulière et consacrée dans l'hébreu pour exprimer ce sens, la forme מנים n'étant usitée que dans l'acception de *vices, modi* (Genèse, XXXI, 7, 41).

En second lieu, si l'on traduit : *il n'y aura point de portions*, en faisant de מנם le sujet de la proposition, il en résulte une construction louche et vicieuse, car le mot בל qui commence la phrase pouvant signifier *nihil, nihilum* (rien) et être considéré comme le véritable sujet de la proposition, le substantif מנם devient grammaticalement superflu et inexplicable.

Troisièmement, dans l'inscription de Marseille le mot לכהנם se trouve partout mis au pluriel, même dans le passage correspondant à celui que nous examinons ici, car, bien que la pierre soit mutilée à la fin de la ligne qui contient ce mot, on y distingue encore assez facilement le premier jambage de la lettre *mem*. On ne voit pas clairement pourquoi, dans notre fragment, le singulier a été substitué au pluriel, et le *mem* séparé du groupe auquel il appartient ; il serait possible que l'auteur de notre épigraphe, que je soupçonne fort d'être venu après la découverte du célèbre sarcophage d'Eschmounazar, ait voulu faire figurer dans le texte de sa composition un mot qui se rencontre plusieurs fois dans l'inscription dont ce monument est orné, je veux dire le mot מנם, *argent*, qui se lit, à la 5e ligne, dans cette phrase :

ואל יבקש בן מנם כאי שם בן מנם :

Et ne quæratur apud nos pecunia (litt. *minæ*), *quia non exstat apud nos hic pecunia ;* et à la 3e ligne de l'inscription extérieure, où la même défense est répétée. Si je ne me trompe, le faussaire, en empruntant le mot מנם à l'épitaphe en question, lui aurait conservé le même sens de *pecunia*, en sorte qu'il aurait fait dire à son texte : *Et dans tout sacrifice où il sera offert seulement un morceau de chair de bétail, il n'y*

22   EXAMEN DE L'INSCRIPTION DE CARTHAGE.

aura point d'argent pour le prêtre (1), interprétation, d'ailleurs, peu naturelle et en désaccord avec l'esprit du texte qui, pour des oblations aussi minimes, a dû exclure non-seulement toute redevance pécuniaire, mais aussi tout droit à une contribution en nature ou à une part quelconque de la chose offerte.

A la 7ᵉ ligne, le paragraphe se termine au milieu de l'alinéa par les deux mots אֹחֹד עַל, qui se rapportent à l'offrande dont il est question dans ce passage, c'est-à-dire une offrande de fleurs (צֵץ). Au lieu de אֹחֹד עַל, la partie correspondante de l'inscription de Marseille donne בְּאֹחֹד, qui se lit également aux lignes, 3ᵉ, 5ᵉ, 9ᵒ et 12ᵒ, dans le sens de *pour chaque victime, pour chaque oblation.* D'après ce rapprochement, la préposition עַל serait donc l'équivalent de la particule בּ et aurait la même acception. Or cette identité de signification ne me paraissant pas suffisamment établie par l'usage et l'analogie de la langue hébraïque, je serais tenté de la mettre sur le compte d'un faussaire peu habile, qui aura cru pouvoir, sans inconvénient, substituer un mot à l'autre, et donner ainsi, par l'emploi d'une variante, le change à ses futurs interprètes.

La 8ᵉ ligne, qui est mutilée des deux côtés, porte :

שׁ ''' '' ''' יעמס בנת אלם כן לכהן קצרת :

Elle correspond à la 13ᵉ de l'inscription de Marseille, où on lit :

בכל צועת אש יעמס פנת אלם יכן לכהנב קצרת

« *Dans tout sacrifice qui sera présenté devant les dieux, il y aura pour les prêtres des céréales, etc.* (2). »

En rétablissant ce qui manque au début de la ligne à l'aide de cette dernière inscription, elle doit se lire de la manière suivante :

בכל צועת אש יעמם פנת אלם יכן לכהן קצרת :

____

(1) Il est inutile de rappeler ici les diverses interprétations dont ce passage a été l'objet de la part de ceux qui ont essayé d'expliquer l'inscription de Marseille. On peut leur appliquer, en toute vérité, cet adage : *tot capita, quot sensus.*

(2) Voyez pour l'analyse et l'interprétation de ce passage mon second Mémoire (pag. 22)

A l'exemple de M. Davis, je considère בנת, 3ᵉ mot de la ligne, comme une faute de transcription et une méprise, soit de la part de l'auteur, soit de la part du copiste, car lu tel quel, il est impossible d'en tirer aucun sens raisonnable. Vouloir l'expliquer comme fait le docteur Judas, par l'hébreu נָוֶה, *siége, demeure, habitation*, c'est abuser du dictionnaire et méconnaître les habitudes de la langue phénicienne ; en effet, le mot נָוֶה étant du genre masculin, et la lettre ה radicale, le changement du ה en ת, caractéristique du féminin, ne peut pas avoir lieu, à moins de supposer que le mot est féminin en phénicien et masculin en hébreu, ce qui n'est pas probable. Si les Phéniciens avaient voulu l'employer dans le sens indiqué par M. Judas, ils eussent vraisemblablement écrit נוא par un *aleph*, comme nous trouvons מקנא (*bétail*), au lieu de l'hébreu מקנה. Une autre raison qui s'oppose, selon moi, à l'interprétation de M. Judas, c'est que le verbe עמס, qui a ici l'acception *de porter, transporter, présenter*, exige après lui non la préposition ב, *dans*, qu'il croit reconnaître dans le mot בנת, mais la préposition אל ou ל, *vers, à*, qui exprime une tendance, un mouvement vers un lieu ou vers une personne.

2° Le verbe כן (être), placé devant לכהן et exprimant une chose future, quoique mis au prétérit, me semble ici une anomalie tout à fait inexplicable. Dans la partie correspondante de l'inscription de Marseille on lit : יכן לכהנם קצרת, *il y aura pour les prêtres des céréales, etc.*, et la phrase est parfaitement hébraïque. Il est à croire que si l'auteur de notre fragment avait eu une connaissance plus approfondie du génie de la langue qu'il mettait à contribution, il eût employé le verbe au futur, comme il se lit dans l'inscription de Marseille, ou bien, qu'en le laissant au prétérit, il l'aurait fait précéder du *vav* conversif, comme dans cette phrase de la 4ᵉ ligne : וכן ערת העזם לכהנם *Et seront les peaux des chèvres aux prêtres.* Cette balourdise me paraît si grave qu'il m'est impossible de l'attribuer à un auteur phénicien ou carthaginois ; elle est, à mes yeux, le fait de quelque novice hébraïsant qui, ignorant la valeur des temps et des modes du verbe dans la langue sacrée, ainsi que l'influence de certaines particules sur le sens de ces temps et de ces modes, aura confondu mal à propos le prétérit avec le futur, et se sera imaginé que l'un pouvait être substitué à l'autre.

Maintenant, si l'on veut bien rapprocher toutes les raisons que je viens d'exposer à l'appui de mes doutes, si l'on se rappelle les arguments qui militent contre l'authenticité de notre inscription, l'aspect de nouveauté et d'imitation que présente la pierre sur laquelle elle a été tracée, les formes insolites et vicieuses des caractères, la présence de certains mots inconnus ou empruntés aux autres langues, la structure anormale de certaines phrases et le sens invraisemblable ou contradictoire qui en résulte, si l'on tient, dis-je, compte de toutes ces observations, on verra dans leur ensemble un corps de démonstration fort respectable et bien propre à justifier mes soupçons. Je n'hésite donc pas à soumettre mon travail à l'examen des philologues, persuadé que, loin d'encourir leur blâme et de soulever contre moi leur indignation, ils applaudiront, au contraire, à mon courage et aux sentiments qui ont inspiré ma critique, l'amour de la vérité et le désir de servir la science, en arrachant à l'imposture le voile dont elle voudrait peut-être se couvrir. Si mes conjectures me trompent, si les doutes que je propose ne sont pas acceptés, j'ai, du moins, la confiance que ces motifs me feront trouver grâce aux yeux des savants et de tous ceux qui aiment les recherches consciencieuses et les travaux désintéressés.

APPENDICE

―――――

Les ouvrages qui traitent de l'inscription dont nous venons d'examiner l'authenticité, ayant été publiés en divers temps et en différents pays, et n'étant pas, par conséquent, très-faciles à se procurer, je vais transcrire ici, pour la plus grande commodité du lecteur, les trois versions dont il a été fait mention au commencement de ce Mémoire.

―――――

I

VERSION DE M. N. DAVIS

(Planche XXXII, N° 90.)

1. . . . .   Tempore oblationum : quod constitu. . . . .
2. . . . .   pellis sacerdotibus et (partes sectæ?) domino sacrificii. . . . .
3. . . . .   pellis sacerdotibus et (partes sectæ?) domino sacrificii. . . . .
4. . . . .   (si) sacrificium præscriptum : pellis caprarum erit sacerdotibus; sacrificium vero erit. . . . .
5 . . . .   [vel] ex hinnuleo [caprâ); holocaustis (scil.) et si (sint) sacrificia necessaria : pellis erit sacerdotibus.
6. . . . .   pecora macra : — non erit sacerdotibus ex eis.
7. . . . .   pro alitibus argenti duo *zar* pro singulis (scil.).
8. . . . .   quod offeret coram Deis; sacerdoti erunt prosecta et. . . . .
9. . . . .   pro sacris (primitiis) et pro sacrificio alimentorum et pro sacrificio olei. . . . .
10. . . . .   pro adipe (lacte) et pro sacrificio (incruento) et pro. . . . .
11. . . . .   (quod attinet ad sacrificium) peregrini qui non sit ex eâ regione : det. . . . .

II

VERSION DE M. LE DOCTEUR JUDAS

D'APRÈS LA RESTITUTION PARTIELLE QU'IL A FAITE DU TEXTE

1. — Indication des taxes qu'ont scellée [les suffètes et le collége des prêtres].

2. — [Au sujet du taureau parfait, si c'est une invitation (à un repas), sera la] peau pour les prêtres, et la partie qui doit être mangée pour le maître du sacrifice ;

3. — [Au sujet du veau ou du. . . . parfaits, sera la] peau pour les prêtres, et la partie qui doit être mangée pour le maître du sacrifice.

4. — [Au sujet du bélier ou de la chèvre parfaits, si c'est une] invitation, sera la peau des animaux précités pour les prêtres, et sera l'oblation [pour le maître du sacrifice] ;

5. — [Au sujet de l'agneau, ou du chevreau, ou] du jeune de. . . . . parfaits, si c'est une invitation, sera la peau pour les prêtres, [et la partie qui doit être mangée pour le maître du sacrifice] ;

6. -- [Au sujet de tout sacrifice qu'offrira un] pauvre en bétail, il n'y aura point pour les prêtres de portions.

7. — [Au sujet de l'oiseau domestique ou] de plein vol, deux *zars* d'argent pour chaque (offrande).

8. — [Dans tout sacrifice d'invitation (à un repas) qui] sera déposé dans la demeure des dieux, il y aura pour le prêtre des parties choisies, et [la substance du sacrifice sera pour celui qui l'aura offert].

9. — [Au sujet des prémices] sacrées (1), et au sujet d'un sacrifice en huile, ... d'argent. . . . . ;

10. — [Au sujet du gâteau, et] au sujet du lait, et au sujet d'un sacrifice en don de farine, et au sujet de. . . . . ;

11. — [Toute taxe] qui n'est pas établie dans cet extrait ou instituée [dans le livre qu'ont signé les suffètes et le collége des prêtres. . . . .]

_____

(1) L'auteur a omis ici la traduction d'un mot

III

VERSION ALLEMANDE DE M. H. EWALD

FAITE D'APRÈS LA RESTITUTION DU TEXTE PROPOSÉE PAR CE SAVANT

1) Bestimmung der abgaben welche [die sufíeten].festsezten.

2) [Zehn pfund silber für einen stier, sei es gemeines oder lobeopfer : die] haut fællt den priestern, das gerippe dem besizer [des opfers oder seinem stellvertreter zu].

3) [Fünf pf. silber für ein kalb oder einen hirsh, gemeines oder lobeopfer : die] haut den priestern, das gerippe dem. besizer des opfers oder seinem stellvertreter.

4) [Ein pf. gültiges silber für einen widder oder eine ziege, gemeines oder] lobeopfer : die haut der siegen den priestern, [die vorder-und die hinterfüsse dem besizer des opfers oder seinem stellvertreter].

5) [Dreiviertel pf. gültiges silber für ein lamm oder ein bockchen oder] ein hirschkalb, gemeines oder lobeopfer : die haut den priestern, [die vorder- und hiuterfüsse dem besizer des opfers oder seinem stellvertreter].

6) [An einer milchspende oder weinspende oder saftspende bei irgend einem opfer] von vieh hat der priester keinen antheil.

7) [Für einen vogel vom Heiligthume sei es ein Shissif oder ein Chazut oder] ein Ssûss ein pf. gültiges silber, je für das stuck.

8) [Für jedes opfer] das als lobeopfer bereitet wird gebühren dem priester stücke und [spenden; und das lobeopfer ist möglich].

9) [bei jedem thieropfer] hast du es vorher geheiligt oder nicht, bei trocknem wie bei fettem thieropfer.....

10) [bei geöltem]...., bei milch, beim thier-und speiseopfer, bei.....

11) Kein priester nehme eine abgabe welche] auf dieser platte nicht festbestimmt noch [nach der vorschrift der suffeten gegeben ist].

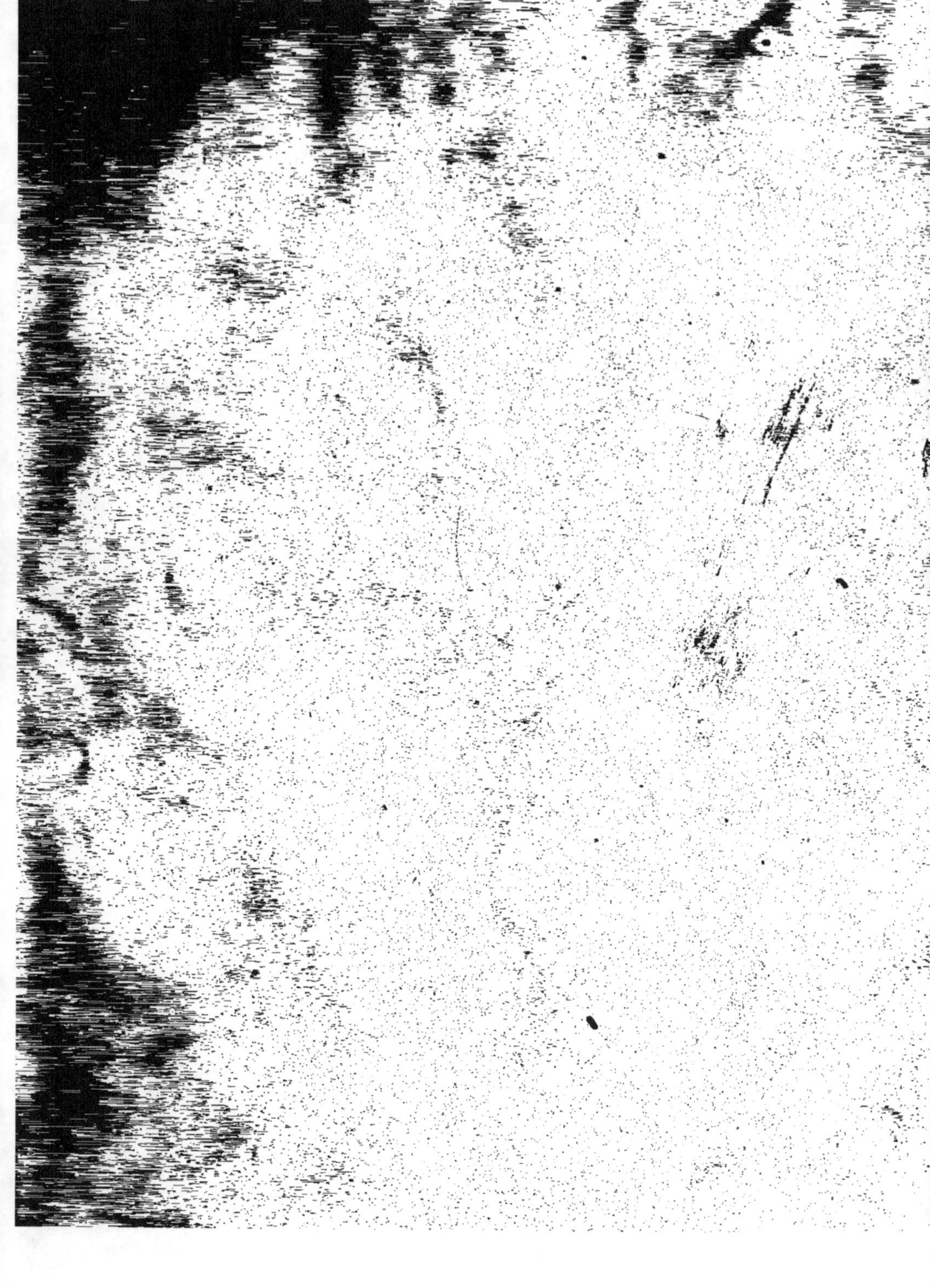

www.ingramcontent.com/pod-product-compliance
Lightning Source LLC
Chambersburg PA
CBHW061232030726

47595CB00004B/1487